BEI GRIN MACHT SICH IHR
WISSEN BEZAHLT

- Wir veröffentlichen Ihre Hausarbeit,
  Bachelor- und Masterarbeit

- Ihr eigenes eBook und Buch -
  weltweit in allen wichtigen Shops

- Verdienen Sie an jedem Verkauf

Jetzt bei www.GRIN.com hochladen
und kostenlos publizieren

Charlotte Weber

Wandel im Rollenselbstbild deutscher Journalisten und dessen Ursachen

GRIN Verlag

Bibliografische Information der Deutschen Nationalbibliothek:

Die Deutsche Bibliothek verzeichnet diese Publikation in der Deutschen National-
bibliografie; detaillierte bibliografische Daten sind im Internet über http://dnb.d-
nb.de/ abrufbar.

Dieses Werk sowie alle darin enthaltenen einzelnen Beiträge und Abbildungen
sind urheberrechtlich geschützt. Jede Verwertung, die nicht ausdrücklich vom
Urheberrechtsschutz zugelassen ist, bedarf der vorherigen Zustimmung des Verla-
ges. Das gilt insbesondere für Vervielfältigungen, Bearbeitungen, Übersetzungen,
Mikroverfilmungen, Auswertungen durch Datenbanken und für die Einspeicherung
und Verarbeitung in elektronische Systeme. Alle Rechte, auch die des auszugsweisen
Nachdrucks, der fotomechanischen Wiedergabe (einschließlich Mikrokopie) sowie
der Auswertung durch Datenbanken oder ähnliche Einrichtungen, vorbehalten.

Impressum:

Copyright © 2011 GRIN Verlag GmbH
Druck und Bindung: Books on Demand GmbH, Norderstedt Germany
ISBN: 978-3-656-34453-7

Dieses Buch bei GRIN:

http://www.grin.com/de/e-book/207235/wandel-im-rollenselbstbild-deutscher-
journalisten-und-dessen-ursachen

GRIN - Your knowledge has value

Der GRIN Verlag publiziert seit 1998 wissenschaftliche Arbeiten von Studenten, Hochschullehrern und anderen Akademikern als eBook und gedrucktes Buch. Die Verlagswebsite www.grin.com ist die ideale Plattform zur Veröffentlichung von Hausarbeiten, Abschlussarbeiten, wissenschaftlichen Aufsätzen, Dissertationen und Fachbüchern.

Besuchen Sie uns im Internet:

http://www.grin.com/

http://www.facebook.com/grincom

http://www.twitter.com/grin_com

Wandel im Rollenselbstbild deutscher Journalisten und dessen Ursachen.

Inhalt

1. Einleitung

Die Frage nach dem Rollenselbstbild bildet einen zentralen Aspekt der Journalismus-forschung. Thematisiert wird dabei die Selbsteinschätzung der Journalisten bezüglich ihrer Ziele, Arbeitsweisen und Aufgaben. Somit lässt sich das Rollenselbstbild neben persönlichen Präferenzen und redaktioneller Linie als Erklärungsvariable für Nachrichtenselektion und –produktion betrachten (vgl. Donsbach, 2005, S.415, S.418f.), und bietet Anhaltspunkt, um Aussagen über journalistische Arbeitsweisen treffen zu können. Betrachtet man journalistische Produkte als Realitätskonstruktion durch die Journalisten, so wird im Kontext der Funktion des Journalismus für die Gesellschaft deutlich, warum es relevant ist, sich kritisch mit dem Selbstbild von Journalisten auseinanderzusetzen.

Das Mediensystem in Deutschland hat sich seit Ende des zweiten Weltkrieges beträchtlich gewandelt – zu nennen sind hier nebst rechtlichen vor allem strukturelle Änderungen, die Einflussgrößen auf das Rollenselbstbild der Journalisten bilden. Vor diesem, wie auch dem historischen Hintergrund werde ich in der vorliegenden Arbeit Änderungen im Rollenselbstbild deutscher Journalisten darlegen, sowie einen Ausblick auf mögliche zukünftige Entwicklungen geben.

2. Rollenselbstbilder und Wandel

Charakterisierungen von Rollenselbstbildern bilden zumeist Idealtypen, die zwar für eine Kategorisierung hilfreich sind, in ihrer Reinform jedoch nicht in der Wirklichkeit vorkommen. Als Beispiele hierfür sind vor allem die Unterscheidung von partizipativem und neutralem Journalismus, sowie die Differenzierung in „Gatekeeper" und „Advocate" nach Morris Janowitz zu nennen (vgl. Donsbach, 2005, S.417, Janowitz, 1975, S. 618f.), auf die sich im Folgenden vorgestellte empirische Studien zum Teil beziehen. Indikatoren zur empirischen Untersuchung der Rollenselbstbilder sind unter anderem Berufsmotive, ethische Vorstellungen, sowie das subjektive Berufsverständnis (vgl. Donsbach, 2005, S.419), auf deren Veränderung ich anhand von vier Untersuchungen (Ehmig 2000, Köcher 1986, Weischenberg/ Löffelholz/ Scholl 1993, Weischenberg/ Malik/ Scholl 2005) eingehen werde.

2.1 Berufsvorstellungen und –motive

Eine auf Basis einer empirischen Untersuchung entwickelte Typologie journalistischer Rollenselbstbilder ist zum Beispiel die Unterscheidung in „Spürhunde" und „Missionare" nach Renate Köcher. Auf Basis einer repräsentativen Befragung deutscher und britischer Journalisten typisierte sie erstere als „Missionare", partizipative Journalisten, deren primäres Rollenselbstbild dem des Anwalts entspricht und deren Berufsmotive sich vor allem in Selbstverwirklichung und Kritisierung von Missständen finden lassen (vgl. Köcher, Table1, S.53). Häufig genannte Berufsvorstellungen bilden das Artikulieren von Beschwerden, der Journalist als „Wächter der Demokratie" oder als „Sprecher der Benachteiligten" (vgl. Köcher, 1986, S. 54).

Tabelle: Rollenselbstverständnis deutscher Journalisten
Angaben in Prozent, gerundet

	Köcher 1980/81 *	JouriD 1993 **	JouriD 2005 ***
Kritiker an Missständen	95	63	58
neutraler Berichterstatter	81	74	89
Vermittler neuer Ideen	72	51	44
Anwalt der Benachteiligten in der Bevölkerung	70	43	29
Lebenshilfe bieten, Ratschläge erteilen	58	36	44
Unterhalter	54	47	37
Politischen Einfluss ausüben	12	19	14

* n = 450, Anteil derer, die mit der Aussage zustimmen
** n = 1498 , Anteil derer, für die die Aussage „voll und ganz" / „überwiegend" zutrifft
*** n = 1518 bis 1536, Anteil derer, für die die Aussage „voll und ganz" / „überwiegend" zutrifft
Eigene Darstellung nach: Köcher, 1986, Table 2, S.55; Weischenberg et al., 1993, Tabelle 7, S. 161; Weischenberg et al., 2005, Tabelle 14, S. 356.

Trotzdem sieht sich die Mehrheit auch als neutraler Berichterstatter (vgl. Tabelle), was Köcher als eine zunehmende Anpassung des deutschen Selbstbildes an das neutrale, angelsächsische Berufsverständnis interpretiert (vgl. Köcher, 1986, S.59). In diesem Kontext zeigt ein Fallbeispiel zur Berichterstattung über die Gründung einer radikalen Partei jedoch, dass die Prioritätensetzung zwischen verschiedenen Berufsrollen situativen Änderungen unterliegt (vgl. Köcher, 1986, S.57; Table 4, S.58). In der Studie Weischenbergs aus dem Jahr 2005, einer quantitativen Befragung von 1536 deutschen Journalisten, ist der Anteil derer, die sich als neutralen Reporter betrachten, noch einmal gestiegen (vgl. Tabelle). Auch die weiteren in dieser Studie am häufigsten genannten Punkte entsprechen eher einem Verständnis als neutraler Vermittler als dem des Anwalts. „Kritik an Missständen" zu üben wird nur noch von ca. 58% der Befragten als relevant angesehen, auch das Einsetzen für Benachteiligte und politische Einflussnahme sind nur noch von geringerer Relevanz (vgl. Tabelle). Vor allem bezüglich der Berufsmotive stellt Köcher zwischen den Befragten nur geringe Altersunterschiede fest (vgl. Köcher, 1986, S.52). Hierbei ist jedoch die Frage zu berücksichtigen, ob es sich bei Veränderungen um bloße Alterseffekte oder tatsächlich um einen Einstellungswandel zwischen verschiedenen Generationen handelt (vgl. Ehmig, 2000, S.49f.). Einen solchen konstatiert Simone Ehmig bezüglich einer Studie aus dem Jahr 1989, bei der sie die nach aktuellem politischem und beruflichem Denken sowie prägenden Lebenserfahrungen Befragten in 3 Generationen aufteilt: „Großväter" (1909 bis 1935 geboren) „Väter" (1936 bis 1950 geboren) und „Enkel" (bis 1966 geboren). Während die „Großväter" als Berufsmotive häufig die Vermittlung von Werten und Idealen sowie die Möglichkeit, Einfluss auf politische Entscheidungen zu treffen nennen, stehen bei den „Enkeln" berufliche Freiheit und Selbstverwirklichung im Vordergrund, die Orientierungsleistungen des Journalismus für die Gesellschaft treten zurück (vgl. Ehmig, 2000, S.146ff.). Diese Ergebnisse finden sich von Köcher darin bestätigt, dass jüngere Journalisten das Weiterentwickeln eigener sowie „Kritik an Missständen üben" signifikant häufiger als Berufsmotive nennen als ältere Journalisten (vgl. Köcher, 1986, S. 52). Insgesamt wird „die Möglichkeit, sich selbst auszudrücken" von gut zwei Drittel der Befragten als Berufsmotiv genannt (vgl. Köcher, 1986, Table1, S.53), dabei verstehen sich Journalisten nur selten als „jemand, der politischen Einfluss ausübt" (vgl. Tabelle).

Zwischen den Generationen stellt Ehmig also einen konstanter Wandel im Rollen-selbstbild vom nüchternen, Werte und Ideale vermittelnden Journalistentyp der „Großväter" hin zu einem weniger missionarisch eingestellten, auf persönliche Freiheit bedachten Typus der „Enkel" fest, wobei die „Väter" in nahezu allen untersuchten Aspekten eine Zwischengeneration bilden (vgl. Ehmig, 2000, S.146). Diese Ergebnisse finden sich durch den Vergleich mit den Studien Köchers und Weischenbergs weitgehend bestätigt. Als über die Generationen konstantes vordergründiges Berufsmotiv zeigt sich „die spannende, abwechslungsreiche Tätigkeit", konstant selten als Berufsmotiv genannt werden die Verdienstmöglichkeiten (vgl. Ehmig, 2000, S.146; Köcher, 1986, Table1, S.53).

2.2 Ethische Vorstellungen

Nur eine Minderheit deutscher Journalisten hält ethisch fragwürdige Informationsbe-schaffungsmöglichkeiten wie Bestechung oder verdeckte Tätigkeit in Betrieben für vertretbar. Dabei zeichnen sowohl Köcher als auch Ehmig allerdings bei jüngeren Journalisten eine Entwicklung hin zu stärkerer Publikumsorientierung und Enthüllungsjournalismus auf, mit der die Zustimmung zu gesinnungsethischen Publikationsentscheidungen steigt (vgl. Ehmig, 2000, Tabelle 8, S.152; Köcher, 1986, Table 5, S.62). Ein Vergleich der aktuelleren Ergebnisse Weischenbergs revidiert diese Aussagen jedoch. Der Anteil der Journalisten, die sich in einer Rolle als Unterhalter sehen, hat 2005 im Vergleich zu 1993 abgenommen (vgl. Weischenberg et al., 2005, S.356), zudem zeigen sich weniger Befragte mit entsprechenden ethisch kritischen Recherchemethoden einverstanden. Dabei ist jedoch der Anteil derer, die genannten Methoden für nur „teilweise vertretbar" halten, deutlich höher als der Anteil derjenigen, die sie für „voll und ganz vertretbar" halten, was zumindest anzeigt, dass über ethische Fragen häufig situativ entschieden wird (vgl. Weischenberg et al., 2005, S.357).

2.3 Übertragbarkeit der Ergebnisse

Zieht man zur Feststellung der Veränderung des Rollenselbstbildes die Ergebnisse der betrachteten Studien heran, bleibt deren methodische Vergleichbarkeit zu diskutieren. Unterschiedliche Operationalisierungen, Definitionen der Grundgesamtheit, Stichprobenziehungen und Erhebungsmethoden bilden neben der Zeitachse Einfluss-faktoren auf die Ergebnisse. Eine methodische Replikation und dadurch tatsächliche Vergleichbarkeit bieten nur die „Journalismus in Deutschland"–Studien. Aufzuwerfen ist ferner die Frage, inwieweit sich das Rollenselbstbild tatsächlich auf das journalistische Handeln auswirkt, da es nur dann überhaupt einen wichtigen Diskussionsgegenstand bildet. Schließlich ist es das journalistische Endprodukt, welches Auswirkungen auf Gesellschaft (und Realitätswahrnehmung) nach sich zieht. In den betrachteten Studien wurde die Handlungsrelevanz lediglich von Weischenberg et al. erfragt.

Trotzdem deutet ein Vergleich aller Studien auf einheitliche Trends hin: Stückweiser Rückgang des Anspruches der Journalisten auf politische Einflussnahme, Kontrolle und Wertevermittlung, hin zu neutralerer und gleichzeitig publikumsorientierter Berichterstattung. Damit verbunden sind weniger Rücksichtsnahme auf ethische Grundsätze, Darstellungs- aber vor allem auch Recherchemethoden betreffend.

3. Ursachen für den Wandel

3.1 Strukturelle und normative Ursachen

Die Privatisierung des Rundfunks und infolgedessen die zunehmende Anzahl an Sendeanstalten, sowie technische Veränderungen bilden bereits ab den achtziger

Jahren Ausgangspunkt für eine Verstärkung des Wettbewerbsdrucks und zunehmende Kommerzialisierung der Medien (vgl. Ehmig, 2000, S.57ff.). Die Veränderungen der Wettbewerbsverhältnisse zwingen zu stärkerer Publikumsorientierung sowie Oberflächlichkeit in der Berichterstattung. Themen werden auf Kosten präziser Recherche und Darstellung von Hintergrundinformationen immer schneller und aktueller aufgearbeitet. Besonders das Internet führt zu einer steigenden Informationsmenge. Dies wirkt sich auch auf die redaktionellen Arbeitsweisen aus, die Grenzen zwischen Redaktion und Technik verschwimmen (vgl. Ehmig, 2000, S.59). Journalisten verbringen im Jahr 2005 wesentlich mehr Zeit mit technischen und organisatorischen Tätigkeiten als noch 1993, wogegen der Zeitaufwand für Recherchearbeit gesunken ist (vgl. Weischenberg et al., 1993, Tabelle 4, S.157; Weischenberg et al., 2005, S.354). Rechtliche Veränderungen der siebziger und achtziger Jahre wie die Ausweitung des Medienspielraums bei Gegendarstellungsverlangen und das Zeugnisverweigerungsrecht schaffen zusätzliche Möglichkeiten der Informationsbeschaffung (vgl. Ehmig, 2000, S.61). Vor diesem Hintergrund lässt sich der Wandel von verantwortungsethischem hin zu gesinnungsethischem Journalismus erklären. Keine Erklärung bieten diese Änderungen jedoch für den von Weischenberg et al. aktuell aufgezeigten Rückgang des Einverständnisses mit illegitimen Recherchemethoden. Hier wird bereits deutlich, dass das Rollenselbstbild der Journalisten vermutlich kaum berufsspezifisch homogen ist, sondern vielmehr auf verschiedenen, teils subjektiven Einflussfaktoren beruht (vgl. Donsbach, 2005, S.417). Der strukturelle Kontext bietet somit nur eine von diversen Erklärungsvariablen, die in unterschiedlichen Erhebungen zu unterschiedlichen Ergebnissen führen können.

3.2 Historische Ursachen

Allgemeine historische Voraussetzungen, auf die sich das kritische, missionarisch orientierte Rollenselbstbild deutscher Journalisten zurückführen lassen kann, sind vor allem die späte Einführung der Pressefreiheit, sowie die politische Instrumentalisierung der Presse während des zweiten Weltkrieges (vgl. Köcher, 1986, S.45). Zudem fördert der Außenpluralismus, der bereits durch die mit der Reichsgründung beginnenden Dezentralisierung der Presse entstand politischen Meinungsjournalismus innerhalb einzelner Medien (vgl. Köcher, 1986, S.47ff.).

Ferner gelangt Ehmig in ihrer Studie zu dem Schluss, dass der zeitgeschichtliche Erfahrungshorizont und damit verbundene spezifische Schlüsselereignisse und -Erlebnisse die Sichtweisen verschiedener Journalistengenerationen kollektiv prägen (vgl. Ehmig, 2000, S.312). So wurden die „Großväter" besonders durch Krieg, existenzielle Bedrohung und Diktatur geprägt, sodass sie es später als ihre Aufgabe begreifen, Demokratie und Pressefreiheit zu schützen, sowie die im Grundgesetz festgeschriebenen Regelungen genau zu befolgen (vgl. Ehmig, 2000, S.283). Die „Väter" wurden vor allem durch einschneidende innenpolitische Geschehnisse wie den Bau der Berliner Mauer, den Terror durch die RAF oder die „Spiegel-Affäre" geprägt. Dies führt zu dem bereits beschriebenen gesellschaftskritischen Anspruch der Journalistengeneration, sich gegen Privilegien und Missstände einzusetzen. Historisch gesehen prägten vor allem die Protestbewegungen der sechziger und siebziger Jahre die „Enkel", im Gegensatz zu vorangegangenen Generationen wurden sie jedoch auch deutlich mehr durch individuelle Erlebnisse geprägt, denen sie sich nicht nur passiv ausgesetzt sahen (vgl. Ehmig, 2000, S.207, S. 212f.). Dies bietet eine Erklärungs-möglichkeit für ihren größeren Hang zu Selbstverwirklichung. Von den Befragten selbst werden die generationsspezifischen Umbruchphasen Ende der sechziger Jahre, um 1980 und gegen Ende der achtziger Jahre wahrgenommen (vgl. Ehmig, 2000, S.307).

4. Fazit

Das Rollenselbstbild der Journalisten wird von diversen Faktoren wie den individuellen (politischen) Präferenzen und Wertevorstellungen der Journalisten, der redaktionellen Linie, sowie situativen Entscheidungen im Berufsalltag beeinflusst, sodass eine allgemeine Kategorisierung schwerfällt. Tendenziell lassen sich jedoch trotzdem Veränderungen in den Berufsmotiven aufzeichnen, die sich, in Zusammenhang mit den genannten Änderungen im Mediensystem, auf die Arbeitsweisen der Journalisten auswirken. Auf Grund der zunehmenden Boulevardisierung der Medien, immer fortschreitenden technischen Möglichkeiten und steigendem Konkurrenzdruck bleibt anzunehmen, dass sich das journalistische Rollenselbstbild weitergehend in die bereits postulierte Richtung des angelsächsischen Journalismus entwickelt. Nicht zuletzt tragen veränderte Ausbildungswege (zunehmende Anzahl von Hochschulabsolventen, weniger Quereinsteiger, vgl. Weischenberg et al., 2005, S.353) und redaktionelle Arbeitsweisen zu veränderten Wertevorstellungen sowie einer Anpassung der Erwartungshaltung an den journalistischen Beruf bei. Ob sich das Rollenselbstbild der deutschen Journalisten langfristig ganz an das angelsächsische anpassen wird, bleibt jedoch auf Grund der besonderen historischen Ausgangsbedingungen des deutschen Journalismus fraglich. Zu bedenken ist hier erneut die medien- und persönlichkeits-spezifische berufsinterne Heterogenität des journalistischen Rollenselbstbildes.

Literaturverzeichnis

Donsbach, Wolfgang (2005): Rollenselbstverständnis. In: Weischenberg, Siegfried/ Kleinsteuber, Hans J./ Pörksen, Bernhard (Hrsg.): Handbuch Journalismus und Medien. Konstanz: UVK Verlagsgesellschaft, S.415-420.

Ehmig, Simone Christine (2000): Generationswechsel im deutschen Journalismus: Zum Einfluss historischer Ereignisse auf das journalistische Selbstverständnis. Freiburg i.B.: Karl Alber Verlag.

Janowitz, Morris (1975): Professional Models in Journalism: The Gatekeeper and the Advocate. In: Journalism Qarterly 52:4, S. 618-626.

Köcher, Renate (1986): Bloodhounds or Missionaries: Role Definitions of German and British Journalists. In: European Journal of Communication, 1, S. 43-64.

Weischenberg, Siegfried/ Löffelholz, Martin/ Scholl, Armin (1994): Merkmale und Einstellungen von Journalisten. Journalismus in Deutschland II. In: Media Perspektiven 4/1994, S. 154-167.

Weischenberg, Siegfried/ Malik, Maja/ Scholl, Armin (2006): Journalismus in Deutschland 2005. In: Media Perspektiven 7/2006, S. 346-361.